AF356823

GÉNÉRALIF.

MAISON PATRIARCHALE

ET CHAMPÊTRE.

PAR L'AUTEUR
Du Réglement d'Éducation Nationale
& Générale.

» Vos enfans & les miens , élevés dans les mêmes
principes , ne formeront qu'une même famille , trop
nombreufe & trop unie pour ne pas fe fuffire à elle-
même ; leurs vertus , leur tendreffe , leur conduite ,
feront la gloire & le bonheur de notre vie ! ... De
fi douces efpérances ne peuvent être chimériques ; on
a l'heureux droit d'y compter quand on a mérité de
les voir fe réalifer ».

Adele & Théodore, derniere lett.

A AIX,

De l'Imprimerie de Pierre-Joseph Calmen,
Imprimeur du Roi, rue Plate-forme.

1790.

» Si l'homme eſt fait principalement pour penſer &
aimer la ſociété de ceux qui penſent, les campagnards,
qui ont le malheur d'être dans ce cas, n'ont pas tort
de ſe plaindre d'être réduits comme en exil : il falloit
trouver un moyen pour leur donner avec les plaiſirs
purs de la campagne, celui d'une ſociété qui les aſſortît
& qui fût aſſez nombreuſe pour ne pas les réduire à un
état pire que le premier, en venant à perdre un ou
deux de leurs compagnons uniques ».

Projet de Communauté Philoſophe, pag. 108.

A MESSIEURS

DE L'ASSEMBLÉE NATIONALE,

*Membres du Comité pour la partie
Éducation.*

MESSIEURS,

*J'AVOIS adreffé à Mr. de Volney, durant
fon fecrétariat, quelques exemplaires d'un projet
de Réglement d'Education Nationale ; il me ré-
pondit qu'il avoit fait part de mes vues aux membres du Comité chargé de cette partie. Comme il
m'a annoncé fa façon de penfer fur ce Réglement, qui auroit pu vous en donner une idée peu
favorable, je prends la liberté de vous l'adreffer
directement avec une apologie que j'ai cru devoir
y ajouter, pour le défendre de l'opinion que vous
en a donné peut-être Mr. de Volney.*

*J'efpere donc, Meffieurs, que vous jugerez, d'a-
près vous-mêmes, s'il n'eft pas à propos, comme
dit Jean-Jacques Rouffeau, & comme je le dis encore plus univerfellement, »* d'émouvoir les cœurs

(de tous les âges même , en quelque lieu que ce soit , & sans le secours absolu des maîtres) , de » leur faire aimer la patrie & ses loix , par des » jeux d'enfans , par des institutions oiseuses en » apparence ; mais qui forment des habitudes ché-» ries & des attachemens invincibles ». C'est-là ce que pensoit ce grand homme sur l'éducation qu'il conseilloit à la Pologne ; telle est la sorte d'instruction qu'ont conseillé de préférer à tout autre les *Fleury & les Bateux* , & qu'exige enfin les goûts natifs & perpétuels de l'homme pour l'imitation , & en même temps pour l'indépendance : ce sont ces goûts qu'on favorisa singuliérement dans l'éducation de *Wattelet* , & qui ont formé tous les grands hommes , dit Mr. *Vicq-d'Azir* dans l'éloge de celui que je viens de nommer ; c'est en les secondant , ajoute-t-il , qu'on pourroit tout obtenir d'un enfant , & fixer même l'inconstance de son bas âge. *Les Arts , selon lui , doivent être admis dans les jeux de l'enfance ; car c'est par eux que les facultés humaines se déploient , se fortifient , & semblent s'augmenter. C'est par leur moyen & par leur réunion qu'on accéléreroit & fortifieroit ce développement en appellant tous les Arts à notre secours dans l'éducation , au lieu de les en exclure ineptement.*

L'enfant instruit par eux en maniere de jeux, *les apprend sans ennui & sans contrainte ;* on obtient & l'on *subjugue* son attention pour tout ce qui lui importe de favoir , parce qu'il ne ceſſe jamais d'être libre ; qu'on lui montre la nature avec tous ſes charmes , & qu'il ſe ſoumet de lui-même à l'obſervation de ſes loix , qui ſont celles mêmes que la ſageſſe vous dicte pour le bonheur des humains. Si Homere rend paſſionné ſon héros pour les choſes de la nature , & qu'il lui faſſe tant regretter la fumée de ſon Palais dans le temps où il eſt retenu par les charmes de Circé , c'eſt qu'il lui fait chérir les arbres du verger de ſon pere dont celui-ci lui avoit donné une partie quand il étoit encore enfant.

En conſéquence de ces idées , vous ne ſerez pas ſurpris , Meſſieurs , que j'accompagne mon Plan d'Education de celui d'une vie patriarchale & champêtre , comme la plus naturelle à l'homme , ainſi que Platon avoit joint au ſien un plan de vie guerriere. Revenus par vos vertus & par vos lumieres à l'âge d'or prédit par l'Abbé de St· Pierre , les hommes n'auront plus beſoin déſor-mais que de cultiver les arts de la paix ; cepen-dant formés par une éducation propre aux exer-cices de l'ame & du corps , on auroit droit d'at-tendre des citoyens tout ce qu'on peut en exiger pour l'utilité de la patrie , ſoit dans la paix, ſoit dans la guerre , étant ſur-tout formés par une

éducation morale, artiste & domestique, ou paternelle, suivant l'esprit de Juvenal, qui dit :

» *Plurimum enim interit quibus artibus &*
» *quibus hunc tu moribus instituas* . . . . . .

J'ai l'honneur d'être avec respect.

MESSIEURS,

Votre très-humble & très-obéissant
concitoyen D'HUPAY.

A Fuveau en Provence
12 Décembre 1790.

GÉNÉRALIF

Maison Patriarchale & Champêtre.

Qui fait aimer les champs , fait aimer la vertu.
Delille.

Généralif, en Arabe , *Maison d'amour , de danse & de plaisir* , est un antique Palais auprès de Grenade , dans une situation la plus agréable & la plus pitoresque. Ce Palais fut construit par un Prince nommé Omar , si affectionné pour la musique qu'il se retira dans ce Palais pour s'y livrer entièrement à son goût. C'est un lieu privilègié de la nature, suivant feu M. Peyron mon ami, dans ses Essais sur l'Espagne ; » Ah ! dit-il , si un compatriote de Sterne & de Richarson étoit le maître de ce lieu , il n'y pas de place imaginée par les faiseurs de romans qui pût l'égaler. » C'est dans cette vue romantique que nous avions projetté ensemble & deux ou trois autres amis d'y aller exécuter mon projet *de Communauté Philosophe* , comme Diderot vouloit avec les siens aller former un peuple heureux dans l'Isle déserte de la Lampedouse. Voilà pourquoi mon ami ajoute : *C'est le site qui m'a donné le plus regret de le voir habité par des propriétaires insensibles.*

Pour réaliser ce vrai Château en Espagne, & consacrer ce souvenir qui m'est cher par rapport à tous ceux qui devoient être les acteurs de ce drame philosophique, je veux appeller ma Maison de campagne Généralif, ayant tourné mon dessein vers la vie commune de mes enfans , & comptant retracer dans notre séjour bien d'endroits romantiques.

Les sentimens de ma famille me font déja une excellente augure de l'exécution de mon projet de vie patriarchale & champêtre. Les larmes que nous avons répandu , mon épouse & mes deux filles ainées à la lecture de Paul *& de Virginie* m'en font garants : consternés tous également du funeste sort de ces êtres vertueux & de leurs familles par le malheur qu'avoit eu Virginie de quitter son heureuse & simple retraite dans l'Isle de Bourbon pour passer en France , je m'écriai après cette désolante lecture : » Mes cheres filles , » la France n'est pas à quatre mille lieues d'ici, » elle n'est qu'à une lieue : en voilà le chemin » devant nous. Vous pourriez un jour vous causer plus de malheur que n'en eut Virginie & » sa famille , si à l'avenir vous préfériez le sé-

lantolme a aix 1791
GENERALIF
Maison patriarchale & champetre
" Mes cheres filles la France n'est pas a quatre Mille lieues d'ici; elle est a une lieue: en voilà le
" chemin devant nous: Vous pourries un jour vous causer plus de Malheur que n'en eut Virginie & Sa famille
" Si alavenir vous preferies le Sejour de la Ville à Celui de notre paisible retraite.
Generalif pag. 8

» jour de la Ville à celui de notre paisible re-
» traite. » Alors nos larmes se changerent en
sanglots & notre émotion étant à son com-
ble , grava l'effet du principal dessein du
maître touchant des Etudes de la Nature.

C'étoit pour préserver aussi mes semblables
de pareilles infortunes que j'avois imaginé
mon Projet de Communauté Philosophe &
que je parlois de Maison de Réunion , comme faisoit Enée à ses amis au milieu de l'em-
brasement de Troyes , en leur désignant le
Temple champêtre de Cerès. Les Etudes de
la Nature ont pour dévise : *miseris succurrere
disco* , celle de mon projet, l'assurance même
du bonheur :

» *Tranquillité* , *Douceur* , *Plaisir* , *Contentement*.

L'idée d'un état pareil étoit si belle , & sa
difficulté dans la société actuelle si grande ,
que le bon Bernardin de St. Pierre & le tendre Jean-Jacques n'en pouvoient achever ensemble l'esquisse. Il faut être seul pour sup-
porter certaines idées ravissantes , comme
bien de sentimens douloureux ; aussi parce
que j'étois dépourvu d'ami , & que je ne
connoissois pas non plus la dépravation du
cœur humain , j'ai composé ma *Maison de
Réunion* , comme Jean-Jacques se créoit en
idée des compagnons dignes de son cœur

dans la forêt de Montmorency. Plus heureux que lui, j'ai pensé à former mes enfans pour un fort si fortuné en les élevant dans des fentimens de paix & d'union, vraie bafe d'une conftante amitié.

Je les exerçois dès leur plus tendre jeuneffe, comme le furent Paul & Virginie, à des pantomimes de l'amitié la plus vive & la plus inféparable, mais d'une augure plus favorable pour eux; ils repréfentoient la belle Fable de la Garelle, de la Tortue, du Corbeau & du Rat, dont la feule partie défaftreufe a fervi de canevas au roman de Virginie. Ils ont déja appris à s'aimer autant que leurs modeles; & ils ne ceffent néanmoins de demander à Dieu chaque jour la même grace. Revenons au théatre de leur bonheur.

Ma Maifon Patriarchale eft à une lieue de la ville. Elle fe trouve au bout d'un agréable valon où ferpentent en même temps une riviere bordée de prairies & de bocages, & une grande route accompagnée d'une infinité de guinguetes. A l'extrêmité du valon font deux paffages pittorefques entre des rochers; l'un par l'horreur de leur entaffement & le fracas des eaux qui y roulent, trifte image de la ville que l'on quitte; l'autre eft un vafte portail formé par les rochers d'où l'on découvre l'horifon de *Généralif.*

On l'apperçoit fur le bord de la riviere , &
fon avenue fe préfente à l'iffue du pont dans
le même point de vue que la grande Allée de
fon Elifée qui borde le petit Fleuve , formant
un canal aligné en cet endroit & ombragé de
grands arbres de chaque côté.

Une perfpective digne de la maifon en ter-
minera un jour l'avenue au bout de fa terraffe : ce fera un pavillon foutenu par des
colonnes dans le goût du Temple de l'Amitié de
Grandiffon. Deux Scènes Patriarchales décrites
par Mme. de Genlis , y feront peintes : celle
du Bal de Famille du vieux Novorgeve & le
Feftin de la Mere d'Ange Sund.

L'on voit déja devant la maifon un monu-
ment d'une fociété patriarchale & philofophi-
que , & qui eft en même temps un trophée
élevé au génie & au bienfait de la liberté
françaife ; c'eft la pyramide du hameau de
Czartorinska , conftante leçon du goût inféparable de la vertu , de l'union & de la campagne, célébrée dans le Mercure du 6 Mai 1785.

Cette pyramide eft transformée ici en un
élégant obélifque porté fur un piédeftal , d'où
découle des deux côtés une nappe dans une co-
quille. Les noms des auteurs célèbres , dans le
même ordre qu'ils font tracés fur la pyramide
de Czartorinska , font gravés à chacune des 4
faces de l'obélifque ; leurs attributs font en

deſſous dans les friſes du piédeſtal, qui préſente d'un côté dans ſon cadre, cette Inſcription :

» A la patrie & à la religion rétablies par Necker. Au hameau de Czartorinska, Exemple de l'Union Patriarchale & Philoſophique. Aux Génies Auteurs de tous ces Biens. »

L'autre côté du piédeſtal offre celle-ci :

Prérogative abolie avec les Privileges des Grands, cette année 1789.

» L'exemple des Grands Embellit le Crime aux Yeux du Vulgaire.

Eurip. Hip. Act. II. Sc. 2.

La porte à colonnes de ma grande ſalle eſt un trophée à l'honneur de premier des Arts, & a pour inſcription ces paroles de Mercier, *A la Sainte Agriculture* ; mais ſon vrai Temple eſt dans deux ſalles de verdure aux côtés de ma maiſon, & qui ſe répondent l'une à l'autre par les portes de chaque bout de la ſalle.

Air pur, harmonie de la nature, on ne peut vous goûter, vous reſpirer, vous ouir ni vous ſentir parfaitement quand on demeure toujours renfermé dans des appartemens. Tentes de Jacob que je vous aime ! Tabernacles du Très-Haut vous êtes à la campagne dans les aſyles touf-fus qu'il a daignés nous planter de ſes mains. C'eſt-là où tout nous parle de ſa Bonté & de ſa Grandeur infinies ; c'eſt au contraire au ſein dénaturé des villes & dans les bornes du plus grand & riche hôtel que l'homme s'eſt rendu inſenſible aux charmes de la nature & s'eſt énorgueilli , même de ſa propre miſere , en la pouſſant juſqu'à l'oubli du Créateur de l'Univers , dont il ne conſidéroit plus les merveilles. J'ai vu un des plus dignes chantres de ces merveilles , les avoir comme oubliés & en parler même avec mépris ; paroître enfin étonné de leur touchans effets ſur moi , & me montrer comme une curioſité à ſon Mecene , parce qu'il avoit ſuſpendu trop long-temps ſa lyre à ſes lambris dorés.

Le plan des diverſes parties de l'enclos qui entoure Généralif , eſt analogue à ce genre de décoration & de volupté naturelles. Les diverſes plantations des champs , ſi agréables quand elles ſont bien faites , s'y trouvent toutes dans le goût du jardin d'Alcinoüs, & y offrent ainſi dans un petit champ les beautés réunies d'un riche pays.

Les avenues du levant , du midi & du nord de l'enclos , montreront bien-tôt dans toute ma campagne le même agrément & la même fécondité de mes jardins , & comme dit ce Poéte devenu ingrat à la nature, duquel je viens de parler ,

» Les jardins appelloient les champs dans leur
    féjour ,   ,
Les jardins dans les champs vont entrer à leur
    tour ,
Et ce qu'à la campagne emprunta la peinture
Que l'art reconnoiffant le rendre à la nature. »

L'avenue de Nord aboutit au milieu de mon
Elifée. La riviere qui le borde eft auffi enchan-
tereffe pour moi que l'heureux Lethé. Son
immenfe allée de peuplier me tranfporte dans
l'Ifle facrée d'Ermenonville , où bien fous
une pareille voute aux bords du Tage , avec
les amis de *Galathée* , à la cérémonie des
vertueux bergers.

Cette pieufe folemnité m'en a fait imaginer
une plus gaye pour ma charmante promenade,
fans être pour cela moins édifiante. C'eft la
Fête du Panier des Prémices des ouvrages & des
fruits de la terre chez le Peuple de Dieu que
je veux établir en cet endroit à chaque renou-
vellement de la belle faifon dans une petite
Chapelle au bout de l'allée l'élifée :

» ..... Antique & modefte Chapelle ,
Saint afyle , ou jadis dans la faifon nouvelle,
Vierges, femmes, enfans, fur un ruftique autel
Venoient pour les moiffons implorer l'Eternel.»

Ma fête fera entièrement conforme à ce qu'en
prefcrit le Légiflateur Juif, au Deuteronome ,

chapitre 16 , pour en faire un feſtin d'aĉtion de graces, de priere, d'amitié & de charité.

Une muſique ſimple & champêtre accompagnera toute cette ſainte & joyeuſe cérémonie, & ſur-tout l'offrande qui ſe fera devant la Chapelle par le Prêtre du lieu , comme l'ancien Lévite , pour préſenter au Seigneur ces dons d'une vraie piété ; elle égayera le feſtin public & commun que nous ferons enſuite de ces dons conſacrés , ainſi que la diſtribution ſolemnelle que nous ferons de nos communes aumônes déja ſanĉtifiées par la priere & le plus pur amour du prochain.

Des danſes & quelques prix de jeux d'adreſſe diſtribués à la plus tendre jeuneſſe , couronneront cette innocente fête. Qu'il ſera beau d'y voir un ci-devant Prince de mon voiſinage qui a raſſemblé dans ſon Château tous les plaiſirs du grand monde , s'en faire un plus vrai de venir avec ſa famille à cette Fête & y apporter ſon panier , comme le plus pauvre de mes Cenſiers.

Le long de l'allée de l'Eliſée feront dreſſés tous les feſtins des étrangers ; ma Table ſera au centre. Mes laboureurs y feront aſſis avec ma famille. De chaque côté feront celles de mes Cenſiers & de mes Amis. Celle des Pauvres y ſera un objet ſacré & non moins doux. Au milieu de l'allégreſſe commune , je chanterai en moi - même comme l'heureux Timbrio :

Je méprifois cette foule importune
De mortels dignes de pitié,
Qui laiffent le repos, l'amour & l'amitié,
Pour courir après la fortune.
Aujourd'hui mon cœur leur pardonne,
Et n'a plus de mépris pour eux,
Je fens que l'argent rend heureux,
Mais c'eft au moment qu'on le donne.

Mon bonheur fera égal à celui de ce Philo-fophe devenu berger, mais fans qu'il m'en coûte autant qu'à lui. Cette fête en perpé-tuant ma félicité, verra accroître ma fortune, par le même moyen qui le rendit pauvre & heureux, en partageant fes biens avec les Pafteurs devenus fes amis & dont il fe fit le compagnon.

Ces bergers du roman de Galathée qui doi-vent faire profpérer ma fortune au lieu de l'épuifer, exiftent doublement pour moi ; actuel-lement dans l'excellente famille de laboureurs qui cultive ma terre de Généralif à mégerie, & jadis par l'accueil qu'avoit fait la Premiere Société politique, morale & économique du Royaume de venir à ces conditions cultiver mon Domaine. Voici un tableau qu'ils me

faifoient

faifoient eux-mêmes de leurs mœurs & qui ne
ne le cede point aux éloges que j'en avois vu
dans l'Encyclopédie , article Moraves , ni
dans *Le Peuple inftruit par fes propres vertus :*

» Nos cœurs ont éprouvé un fentiment de
fatisfaction & de joie en apprenant qu'un ami
de la paix & de l'innocence de la vie champêtre , avoit formé le noble & utile projet
de faire revivre dans les lieux qu'il habite les
jours purs & fereins des heureux temps des
Patriarches. Notre communauté pénétrée d'ad-
miration, fait des vœux pour le fuccès d'une
fi louable entreprife, & dans les tranfports de
fon allégreffe, préfage à fon auteur , comme
l'effet que doivent opérer la pureté & la fa-
geffe de fes vues , les charmes de cette vie
douce & tranquille qu'elle goûte depuis plus
de quatre cent ans. »

» Toute la communauté s'eft prêtée d'un
plein confentement & d'une voix unanime à
accepter vos honnêtes propofitions , & cela
dans la vue d'édifier , finon la totalité , du
moins une partie de fes Agriculteurs rappro-
chée de vous par l'événement & affez heureufe pour vivre fous vos yeux. Ce fut le ré-
fultat d'une affemblée générale que notre chef
convoqua hier pour recevoir nos délibéra-
tions à cet égard. Quelques-uns de nos enfans
déja fortis de nos maifons , affez âgés & affez

B

forts pour foutenir les travaux de l'agriculture , fe font même offerts de leur propre
mouvement d'être les membres de cette petite
Colonie. L'extravafion de quelques-uns de nos
agriculteurs , n'a donc pas , comme vous vo-
yez, préfenté même d'obftacle à votre projet. »

La fuperftition vint , je crois , traverfer ce
deffein , comme autrefois elle fit de ceux du
Cofmopolite Olivadés pour de pareils établif-
femens dans la Sierra Morena. Toutefois voici
encore un trait de la vertu naïve & pure de
ces heureux humains tiré d'une de leurs Let-
tres : » Oui , notre fociété a déja fait un grand
pas vers le bonheur, d'avoir fu connoître les
avantages d'une vie fimple , & au milieu de l'a-
bondance de n'avoir jamais répugné au tra-
vail , qui nous procure la fanté & la gayeté
avec tous les charmes de cette vie douce &
tranquille dont nous jouiffons. La terre & nos
troupeaux nous fourniffent la nourriture &
le vêtement , feuls befoins que nous connoif-
fions , & comptant fur la providence , nous
répandons chaque année l'excédent de nos
récoltes dans le fein de l'indigence. »

Cet exemple doit à jamais fervir de regle
à mes agriculteurs , & je le ferai graver au
milieu de mon Ménage. Plût à Dieu que ces
principes puiffent fervir à établir , fous l'inf-
pection de leurs refpectables Pere & Mere ,

entre les freres Joseph , Mathieu , Jéjé & Jean-Baptiste , éleve des pieux Hermites de la Cavalerie , la même-communauté dans mon Domaine que je desire de faire observer à mes enfans dans mon héritage , afin que *l'union perpétuelle de leur fortune empêche à jamais la désunion de leur cœur.* Telle est l'expression de St. Augustin dans le Traité de la Vie Heureuse qu'il composa avec ses amis même dans leur maison de campagne de Cassiaque.

Voici comme il peint les délices de la vie commune des amis & les conditions nécessaires pour en jouir : » Après avoir été agités des inquiétudes du siècle , nous trouvâmes , Seigneur , un heureux repos en vous , jouissans de cette heureuse liberté , dans laquelle nous avions tout loisir de chanter avec David du fond de notre ame ; *mon cœur ne parle qu'à vous , mon Dieu ; je ne cherche qu'un regard favorable de vos yeux & je ne chercherai jamais autre chose.* Comme vous avez accoutumé , Seigneur , de porter ceux qui sont dans les mêmes sentimens à vouloir demeurer ensemble , vous fites qu'Eudoxe qui étoit encore jeune & de la même ville que moi , vînt demeurer avec nous. Ainsi , nous étions ensemble , nous avions tous résolu de mener une Vie Parfaite. Nous vivions dans une union dont votre divin amour étoit le lien. Ma mere eut autant de foin de nous tous que fi chacun eût été fon enfant , & elle eut autant de foumiffion pour nous que fi chacun de nous eût été fon pere , bien qu'elle nous fervoit de maître dans la vie fpirituelle & dans la compofition même de ce petit Ouvrage. »

Souhaitant une vie auffi heureufe à mes enfans , pour me raffurer dans les appréhenfions qu'ils ne vinffent à adoptet celle du Siècle , je me dis fouvent , comme Diderot dans le Fils Naturel : *Non , tes enfans ne font point deftinés à tomber dans le cahos que tu redoutes ; ils pafferont fous tes yeux les premieres années de leur vie , & c'en eft affez pour te répondre de celles qui les fuivront.* Pour conferver en eux le vrai & unique efprit de fociabilité , celui de la Famille , exempt de la contagion de la grande voie des enfans du monde , je graverai devant la porte du coridor qui renferme tous leurs appartemens , cet avertiffement de mon cœur : » Licurgue défendit à fa Ré- » publique tout commerce avec les étrangers ; » parce qu'en général les gens du monde font » corrompus. Ils prennent bien en paffant le » ton du Sage , foit par pudeur, fimple dégui- » fement, ou par fourberie ; mais à la longue, » ils veulent donner le leur & y réuffiffent fou- » vent ; leur penchant pour le mal étant mal-

» heureufement plus fort que le notre pour le
» bien. »

Mais , comment mes Enfans pourroient-ils
contracter des goûts dépravés & malheureux ?
La Doctrine Célefte que j'ai puifée pour eux
dans nos Livres Saints les en préfervera. S'il
leur falloit des commentaires précis à ces
faintes ordonnances , ne lifons-nous pas tous
les matins les Inftructions d'un pere à fon fils
& à fa fille, (1) ouvrage très-précieux , & ne
forme-je point leur plus tendre enfance à la
Science des Saints en lifant chaque foir avant
de nous coucher , l'extrait que Mezangui a
donné de leurs Vies. Outre ce, les Maximes
Divines ne fe préfentent-elles pas fans ceffe à
eux fur les poteaux de leur Maifon, comme
chez le Peuple faint ? Ils les voyent toutes
réunies dans notre Oratoire, dans ces principaux traits du vrai fidèle écrits au-deffus de la
place d'un chacun : *Haïffant le mal & s'atta-
chant au bien. Fervent dans l'amour de Dieu. Se
fouvenant que l'on fert le Seigneur. Joyeux de
l'efpérance du falut : Faifant le bien non-feule-
ment devant Dieu ; mais devant les hommes.
Se tenant toujours unis dans les mémes fentimens.
Celui qui aime le prochain accomplit la loi. Fai-
tes-vous des amis par les richeffes ; afin que*

---

(1) Par M. Dupuy , Secrétaire à la paix de Rifwick.

quand vous viendrez à manquer , ils vous reçoi-
vent dans les tabernacles éternels.

La Charité doit être jointe à la Priere pour
nous délivrer de tous les maux & nous acqué-
rir tous les biens ; l'Hôtel de la Confolation
pour les pauvres vieillards à Paris , eft de tous
les objets de charité , celui que je préférerois
pour en nourrir près de moi le fentiment ,
dans ma folitude , en faifant un petit établiffement qui réuniroit toutes nos aumônes & don-
neroit l'exemple d'un hofpice le plus humain
qu'on puiffe faire en tous les lieux ; il eft
ordonné par une loi de l'état dans toutes les
villes de la Chine , & l'on n'en voit qu'un
dans la Capitale des François , qui fe difent
tous membres de Jefus-Chrift ! J'ai remarqué
dans ma Communauté Philofophe que l'hiftoire
des deux Indes raconte que dans le Paragay
on a des foins & des égards pour la Vieil-

J'avois voué dans le même efprit à côté de cet
établiffement un fite agréable pour un afyle des Vieillards
riches , auffi délaiffés & peu foignés fouvent , que les
pauvres fur-tout , quand ils n'ont pas de parens auprès
d'eux. Ils y auroient trouvé la compagnie & le bien être
convenable à leur âge , & auroient augmenté par leurs
munificence le nombre de leurs pauvres voifins. Une
Chapelle commune auroit réuni leurs vœux pieux les uns
pour les autres auprès de l'Etre Suprême , leur terme commun & prochain. Si quelqu'un deux veut foufcrire à ce
faint établiffement ; qu'il s'adreffe à moi : je me chargerai
avec plaifir de cette heureufe exécution.

leſſe , inconnus dans tout le reſte de la terre.
Il eſt vrai que l'Inſtitution de cet Etat appar-
tenoit aux Jeſuites & qu'ils n'étoient ni Mo-
narques , ni Ariſtocrates , mais Théocrates ,
terme exclu de la politique depuis Moyſe &
Numa , & qui ſignifie gens qui reconnoiſſent
un ſouverain Légiſlateur , ſeul maître & pere
de tous les hommes.

Par toutes ces choſes j'identifierai, j'eſpere ,
les vraies idées de bonheur & de vertu dans
l'ame de mes enfans ; mais je veux encore
graver profondement dans leur tête ces douces images , en les offrant ſans ceſſe agréable-
ment à leurs yeux. Je ferai peindre pour cela
tous les ſujets d'Eſtampes de ma Communauté
Philoſophe au-deſſus des trumeaux des chemi-
nées de leur chambres : ſur l'une , *les ſoins
ruſtiques* , ou le temps des Patriarches ; ſur
l'autre , *la grande promenade de la communauté* ,
ou les gais convives ; ſur celle-ci , *le Labora-
toire commun* , ou le ſpectacle de l'humanité ;
ſur celle-là , *la Chapelle domeſtique* , ou l'image
du Ciel ; ſur une autre , *la cérémonie des ma-
riages des enfans de la communauté* , ou les dignes amans & les heureux époux ; enfin la
derniere , *le ballet d'amour conjugal* , ou les
vœux d'un cœur honnête. (1)

____

(1) Si l'art de la danſe étoit dirigé par tout autre eſprit

Tous les trophées de l'Agriculture & des autres Arts prefcrits dans mon *Réglement d'Education*, rempliront dans ma grand'-falle les panaux entre les trois grands tableaux qui répondent aux fenêtres, entre lefquelles font des glaces qui répéteront les intéreffans fujets repréfentés de l'autre côté. Le tableau du vis-à-vis de la fenêtre à terraffe du milieu offrira une illufion nouvelle : fon fonds étant une glace où fe peignent mes jardins, avec une belle allée, à travers une immenfe campagne ; la Liberté & l'Amitié y feront peintes deffus ou de chaque côté, de maniere que celle-ci invite l'autre à venir habiter dans ce beau payfage. Cette illufion ira

encore

que celui de la frivolité ou du libertinage, *il pourroit,* comme dit le fage Adiffon, fpect. V. 12ᵉ., *être une voie méchanique d'infpirer doucement une bonne éducation & de graver même la vertu dans quelques efprits qui ne la recevroient pas fi bien par une autre méthode.* En effet, qu'eft-ce qu'un ballet ou une danfe, finon l'expreffion des fentimens vifs ou tendres du cœur, à moins qu'on ne danfe tout à fait comme une automate : ainfi il convient aux élans de l'amitié, comme aux tranfports ou aux langueurs de l'amour. Il peut peindre auffi la tendreffe paternelle & maritale, avec l'eftime & l'ardeur qu'on a pour fes amis : c'eft ainfi que j'ai improvifé quelquefois des balets domeftiques à l'Angloife, & ce n'eft pas autrement que j'ai deffein de faire repréfenter dans ce tableau le ballet de ma Communauté.

encore plus au cœur par deux vers de Voltaire qu'on lira au bas :

Liberté, liberté ton trône est en ces lieux ,
Embelli ma retraite où l'amitié t'appelle.

Si comme disoit le sage habitant de Ferney, *l'une de ces deux Deïtés éleve l'ame , & que l'autre la console*, les cœurs où elles regnent le plus souverainement font ceux des Freres qui s'aiment ou des Epoux qui se confient : Tels seront les deux sujets des deux autres grands tableaux, pendans du précédent : l'un représentera Hector & Paris sortant des portes Sées ; le premier remettant à faire des reproches à son frere, comme l'unique cause de la guerre de Troye , au jour du festin d'actions de graces aux dieux pour leur victoire; le sujet de l'autre est la vive Reconnoissance de Penelope avec Ulisse.

La Table du Bonheur, comme nomme Candor son cercle , dans la Comédie des Moissonneurs , est peinte sur la cheminée de la même salle dans la Fête de mon Elisée audessus d'une glace & sous un cartouche qui en représente le sujet : c'est le Panier des Prémices rempli de tous les fruits de l'année tenans à leurs épis ou à leurs feuillages. Il for-

C

mera la banniere qui annoncera un jour cette fête aux lieux circonvoisins.

Ma table patriarchale paroît dans ce tableau en demi-cercle à l'entrée d'une immense allée d'arbres de haute futaye, terminée par une montagne ronde dans le lointain au fond d'un payfage de vignoble. Le côté gauche de l'allée étant en perfpective, on y découvre une belle péloufe tout le long de la riviere qui la borde, & fur cette péloufe des piédeftaux de diftance en diftance, portant des buftes des plus grands hommes ; on voit enfuite un Temple compofé de quatre colonnes qui foutiennent un petit dôme couvrant un autel. Le rivage fe termine par un pont à trois arches que l'on découvre à travers une éclairée d'arbres qui offre comme une autre allée. Le rivage de l'autre côté eft tapiffé d'une auffi belle péloufe ombragée de chênes & de peupliers. Sur la riviere on voit plufieurs bateaux plats deftinés à l'amufement des affiftans.

Je parois affis au centre de la table patriarchale avec mon époufe & nos cinq enfans avec leurs époux ou époufes à notre droite ; nous fommes tous dans l'uniforme de la Communauté Philofophe, habit vert, parement rofe. Tous les laboureurs des deux Ménages de Généralif, dans le même uniforme, font placés à notre gauche : leurs femmes dans un uniforme pareil ont soin de l'ordre du repas, & l'on les voit diftribuer le vin & le pain. Le deffert eft rangé fur deux bufets contre les premiers arbres de l'allée. Deux longues files de Tables, qui s'étendent de chaque côté de l'allée jufques vers fon milieu, comprennent, celles à droite en vue de la riviere, premiérement mes amis, enfuite tous les étrangers de diftinction, ces derniers apportent leur repas avec leur panier d'offrande ; de l'autre côté, font tous mes cenfiers que je traite ce jour-là, enfuite tous les gens du peuple ; enfin les pauvres un des principaux objets & non des moins touchans de la fête.

Au milieu de ce Lycée de concorde & de joie, eft la table des enfans de mes laboureurs & de mes petits-fils, tous également dans l'uni-forme, préfidée par le Prêtre de la fête, le gouverneur commun de leur éducation. La Mufique militaire de la ville eft rangée au bout des tables à travers l'allée pour exciter l'allégreffe commune des convives. On lit avec fatisfaction audevant du tableau ce verfet des Pfeaumes : *Je crois voir les biens du Seigneur dans la terre des vivans.*

En effet, dans un *Combat*, où une difpute d'éloges, *d'Homere & d'Héfiode*, celui-ci dit au premier : » Homere égal aux Dieux ! apprends-

moi ce que tu regardes comme le plus utile aux
Mortels ? Le Chantre des Héros répond à l'Ami
des Dieux : » Contenir un Peuple immense dans
le devoir par la concorde & la joie, le raffem-
bler dans le Cirque pour des feftins mêlés de
chants , où l'ordre & la décence regnent ,
où les tables foient couvertes de mets abon-
dans , ou des ferviteurs foigneux puifent le vin ,
le préparent , le diftribuent aux convives ;
c'eft-là ce qui me paroît le Meilleur ».

FIN de Généralif.

Je ferai bientôt imprimer les *vues des Etudes de la
Nature, ou Porte-feuille du Peuple*, (dont mes enfans font
actuellement la copie) avec cette épigraphe. » La con-
» verfation tomba fur Klopftock ; ils en parloient tous
» avec enthoufiafme, & ils ne târiffoient pas fur fes
» louanges. Therefe avoit copié dans Klopftock & dans
» Kleift les paffages qui lui plaifoient le plus & qui en
» effet étoient les meilleurs.

SIGEVARD, T. II.

www.ingramcontent.com/pod-product-compliance
Lightning Source LLC
LaVergne TN
LVHW021657170726
843501LV00007B/2630